Matthias Phul

Geschichte des modernen China

Zusammenfassung

GRIN Verlag

Bibliografische Information der Deutschen Nationalbibliothek:

Die Deutsche Bibliothek verzeichnet diese Publikation in der Deutschen National-
bibliografie; detaillierte bibliografische Daten sind im Internet über http://dnb.d-
nb.de/ abrufbar.

Impressum:

Copyright © 2011 GRIN Verlag GmbH
Druck und Bindung: Books on Demand GmbH, Norderstedt Germany
ISBN: 978-3-656-70699-1

Dieses Buch bei GRIN:

http://www.grin.com/de/e-book/277818/geschichte-des-modernen-china

GRIN - Your knowledge has value

Der GRIN Verlag publiziert seit 1998 wissenschaftliche Arbeiten von Studenten, Hochschullehrern und anderen Akademikern als eBook und gedrucktes Buch. Die Verlagswebsite www.grin.com ist die ideale Plattform zur Veröffentlichung von Hausarbeiten, Abschlussarbeiten, wissenschaftlichen Aufsätzen, Dissertationen und Fachbüchern.

Zusammenfassung „Geschichte des modernen China"

Ming-Dynastie (1368-1644)

Qing-Dynastie (1644-1911)
- Fremdherrschaft der Mandschuren

Probleme Chinas ab 1800
- Bevölkerungswachstum
- ineffizientes Verwaltungs- und Militärwesen
- Korruption und Beamtenprüfungssystem
- Opiumsucht
- Abfluß des Silbers – Inflation
- Aufstände von Geheimgesellschaften

wirtschaftlich-technologische Rückständigkeit Chinas
- erklärt durch „high-level equilibrium trap"

1. Opiumkrieg (1839-42)
- englisches Handelsbilanzdefizit mit China
- Kompensation durch Opiumschmuggel über Indien (englische Kolonie) nach China
- dadurch massive volkswirtschaftliche Probleme in China
  →Silberabfluss führte zu Inflation
- 1836: Verbot des Opiumhandels durch chinesische Führung
- 1839: Vernichtung von 20.000 Kisten Opium → Kriegsgrund für England
- China militärtechnisch hoffnungslos unterlegen
- Kriegsende 1842 mit Vertrag von Nanjing → 1. „ungleicher Vertrag"
- Beginn des Halbkolonialismus
  - zwangsweise Öffnung von Hafenstädten für den Außenhandel (vor allem mit Opium)

2. Opiumkrieg (1856-1860)
- erneute Niederlage Chinas
- Folge: weitere ungleiche Verträge, schrittweiser Verlust staatlicher Souveränität
  → halbkolonialer Zustand
  - Exterritorialität (Ausländer unterliegen nicht der chinesischen, sondern der (wohlwollenden) Gerichtsbarkeit ihrer Heimatstaaten)

  → Jahrhundert der Demütigung

Im Norden und Nordosten des geschwächten Chinas bauten Russland und Japan ihre Interessens- und Einflusssphären kontinuierlich aus

Taiping-Aufstand (1850-64)
- nach Muster traditioneller Bauernaufstände
- 30 Mio. Todesopfer → verlustreichster Bürgerkrieg der Menschheitsgeschichte
- Vorläufer der chinesischen Revolutionen des 20. Jahrhunderts

1

- Gründer und Anführer: Hong Xiuquan
- Verbindung von sozialrevolutionären, -utopischen, religiösen und antimandschurischen Gedanken
- Mischung von Theokratie und Militärdiktatur
- scheiterte durch Machtbesessenheit der Führer und fehlendem Interesse an Problemen der Bevölkerung
- vom Aufstand bedrohte Dynastie der Mandschus wurde durch Kooperation konfuzianisch gesinnter Han-Chinesen und Ausländern gerettet

1. Sino-japanischer Krieg (1894-95)
- endete mit Vertrag von Shimonoseki
- China musste Taiwan an Siegermacht Japan abtreten

Reformbewegung 1898 – „Hundert-Tage-Reform"
- weltweite Erwartung Ende des 19. Jahrhunderts: Zerfall Chinas in einen kolonialen Flickenteppich wie Afrika
- deshalb: Anstreben einer nationalen Stärkung durch politische und institutionelle Reformen
- überstürzter Erlass von ca. 50 Reformen
  → viele gar nicht umgesetzt (durch Konservative blockiert)
- Hauptgegnerin: Cixi (Kaiserinwitwe)
  - erkannte den Plan, den Kaiser Guangxu zu entmachten
  - die eigentliche Macht lag in ihren eigenen Händen (Guanxu nur repräsentative Funktion)
  → 1898: Kaiser wurde festgesetzt
- Rückgängigmachen der meisten Reformen
- Tod des Kaisers 1908 in Arrest
- Konsequenzen
  - Scheitern der Reformen warf China wieder zurück in Versuch, Anschluss an Weltentwicklung zu bekommen
  - beschleunigte das Ende der Dynastie

→ führte direkt zur nächsten Katastrophe: Boxeraufstand 1900, der Dynastie noch näher zu ihrem Ende brachte

Boxeraufstand (1900-01)
- Anwachsen eines Nationalismus, doch eher Kulturalismus
- Kulturalismus: Höherbewertung der eigenen Kultur
  - Sichtweise: Barbaren vs. Chinesen
  - Unterschied zum Nationalismus: Kulturalismus unterscheidet nicht zwischen verschiedenen Nationalitäten in China, bezieht auch nationale Minderheiten ein, da sie der chinesischen Kultur angehören

- deswegen konnten sich Mandschus als rechtmäßige Repräsentanten der chinesischen Kultur ausgeben
- 2. Hälfte des 19. Jahrhunderts: Bewusstwerden der eigenen, chinesischen schwächeren Position gegenüber ausländischen Mächten
- Stärke und Einfluss des westlichen Auslands besonders negativ empfunden in zwei Bereichen
  - wirtschaftlicher und religiös-sozialer Bereich (Missionare)

- Boxer: ursprüngliche Bezeichnung für chinesische Geheimgesellschaft in Shandong („rechtschaffene und harmonische Faustkämpfer")
- Entwicklung in 1890er Jahren: von anti-Quing zu anti-ausländischer Einstellung
  → Übergriffe auf Eisenbahn (war in ausländischer Hand)
- Hof und konservative Beamte schützten und ermutigten Boxer

Ablauf
- 1900: Boxergruppe nicht mehr zu kontrollieren→ Kriegserklärung gegen ausländische Mächte
- doch Ausländer konnten Boxern widerstehen, aufgrund der schlechten Ausstattung der Boxer
- Niederschlagung der Boxer
- Dezember 1900: Entwurf des Boxerprotolls → Bestrafung der Verantwortlichen
- Verpflichtung Chinas, hohe Kriegsentschädigungen zu zahlen

Folgen des Aufstandes
- verstärkte ausländische imperiale Interessen an China→ herabsinken auf halbkolonialen Zustand
- Verstärkung der Finanzkrise durch Entschädigungszahlungen
- Anwachsen eines Han-chinesischen Nationalismus im eigentlichen Sinne
- insbesondere unter Intellektuellen wuchs Überzeugung, dass Rettung Chinas nur in Ablösung der Mandschu-Herrschaft liegen konnte

Ende der Qing Dynastie
- Unterzeichnung des Boxerprotokolls läutete die letzte Stunde der Qing-Dynastie ein

Neue revolutionäre Kräfte
- Sun Yatsen (1866-1925)
- Suns Meinung: einziger Ausweg Chinas aus den Problemen ist eine Revolution
  → das bedeutete: Beseitigung der Mandschu-Herrschaft
- Geheimgesellschaften wurden Suns Hauptstütze
  → Nach Boxeraufstand erhebliches Wachsen von Anti-Mandschu Aktivitäten

3. Vorlesung I – Revolution von 1911

Auslöser: u.a. „Eisenbahndisput"
- durch ausländische Konzessionen Verbreitung der Eisenbahn in China
- chinesische Unternehmer und Provinzen kauften aus Nationalismus und Profitstreben Eisenbahnen zurück
- nun wollte Zentralregierung Eisenbahnen ganz verstaatlichen, dazu war große Kreditaufnahme nötig
  → Protest in Provinzen: gegen finanzielle Auslieferung an Ausland und gegen Wegfall der Einnahmequelle

10.10.1911 („Doppelzehnter"): Revolution begann durch Meuterei eines Pionier-Bataillons in Wuhan

- nach 6 Wochen hatten sich 2/3 der chinesischen Provinzen angeschlossen und für unabhängig von der Qing-Zentralregierung erklärt
- Sun Yatsen sorgte im Ausland dafür, dass westliche Mächte Qing-Regierung nicht mehr unterstützten
- wurde nach Rückkehr zum provisorischen Präsidenten gewählt (Sun Yatsens Amtssitz in Nanjing, Qing-Zentralregierung in Beijing)
- Yuan Shikai kehrte auf Bitten der Qing-Regierung zurück, (ließ sich zum Premierminister ernennen) um gegen Revolutionäre unter Sun Yatsen zu kämpfen
- Yuan Shikai spielte Revolutionäre und Regierungen gegeneinander aus
- die Revolutionäre erkannten Macht und Stärke Yuan Shikais
  → Sun Yatsen signalisierte, dass er Präsident der neuen Republik sein könnte, wenn er Qing-Kaiser zum Abdanken zwingt
- Yuan Shikai stimmte zu und übernahm Präsidentschaft von Sun Yatsen, (hielt sich aber nicht an vereinbarte Bedingungen (setzte u.a. Peking statt Nanjing als Hauptstadt durch))
  → Untergang einer 2000-jährigen dynastischen Monarchie (Kaisertum)

3. Vorlesung II – Phase von 1912-1927 (1)

in dieser Periode: Versagen der republikanischen Revolution und erster Versuche, demokratische Strukturen in China zu errichten

Vorausblick: 4.Mai-Bewegung
ca. 1915 als Bewegung für neue Kultur begonnen, geht 1917 über in literarische und 1919 in nationalistische Bewegung

1921: Gründung der KPCh

1911-1913: politisches Chaos, verwirrende Vielfalt an politischen Institutionen

Februar 1912: Sun Yatsen (GMD) tritt als provisorischer Präsident zurück, Yuan Shikai (1859-1916) (parteilos) wird sein Nachfolger

Parlamentswahl Dezember 1912
- nur 10 % der Bevölkerung wahlberechtigt
- Guomindang (GMD) unter Song Jiaoren gewann Wahl deutlich

4

- Song Jiaoren wurde kurz darauf auf Anweisung Yuan Shikais ermordet

3. Vorlesung III – Phase von 1912-1927 (2)

Yuan Shikais Bemühungen um gutes Verhältnis zum Ausland (insbesondere USA → erfolgreich), da er finanzielle Interessen hatte (Kreditaufnahme)

GMD wollte statt gewaltiger Kreditaufnahme (→ Angst vor Staatsverschuldung) lieber Effizienz des Steuerwesens steigern, um so die Einnahmen für den Aufbau Chinas zu generieren

→ Konflikt, dadurch Ausbruch der 2. Revolution im Juli 1913

Niederschlagung durch Yuan Shikais Truppen

daraufhin trieb er das Ende der 1. parlamentarischen Demokratie Schlag auf Schlag voran:

- Oktober 1913: Yuan Shikai ließ sich vom provisorischen zum endgültigen Präsidenten wählen
- ließ GMD-Fraktion auflösen, dadurch war Parlament nicht mehr beschlussfähig
  → entmachtet
- ab 1914 konnte er ohne Parlament, Verfassung und Opposition regieren
- ließ in neuer Verfassung seine Machtbefugnisse weiter ausbauen → de facto Kaiser
- wollte Monarchie wiederbeleben und auch de jure Kaiser werden

  Einschub: Außenpolitik
  durch Zugeständnisse erreichte Yuan Shikai die Anerkennung durch alle einflussreichen Mächte

  1914: Beginn des 1. Weltkriegs → Westmächte waren in Europa gebunden → Machtvakuum von Japan gefüllt

  Japan übernahm deutsche Konzession in Shandong und stellte „21 Forderungen", die Yuan Shikai trotz japanischer Auflage der Geheimhaltung öffentlich machte
  → Empörung in China

  → USA möchten japanische Expansionsgelüste eindämmen, ohne Beziehungen zu verschlechtern

  Inhalt der 21 Forderungen: Ausweitung der japanischen Einflusssphäre in China (Shandong, Mandschurei, innere Mongolei, Kontrolle der chinesischen Wirtschaft)

  Mai 1915: Anerkennung der 21 Forderungen durch Yuan Shikai (notgedrungen)

Januar 1916: Yuan Shikai lässt sich zum Kaiser krönen
- wenig Rückhalt im Land, vor allem nach Annahme der 21 Forderungen

März 1916: Aufgabe der Bestrebung, Kaiser zu werden durch Widerstand der Provinzen und Druck von Sun Yatsen

Juni 1916: Tod Yuan Shikais

Juni 1917: General Zhang Xun nutze Machtvakuum für Putsch und inthronisierte Puyi (11-jährig) zum Kaiser → Putsch schnell zerschlagen

Folge dieser Ereignisse: Parlament und Zentralregierung hatten jegliche Stärke verloren, Demokratie gescheitert → Periode der Warlords begann

durch dieses politische Chaos: Bewegung zur geistig-kulturellen und politischen Erneuerung seitens der Intellektuellen → 4.-Mai-Bewegung

4. Vorlesung I – 4. Mai-Bewegung (1)

kulturelle Erneuerungsbewegung, gleichzeitig nationalistische Bewegung

4. Mai 1919, jedoch weiter gefasst von 1917-21

> Einschub: laut marxistischen Historikern: 3 Epochen der neueren chinesischen Geschichte
> - Opiumkriege - 1919
> - 1919-1949 „moderne Epoche"
> - 1949-Gegenwart „jetzige Epoche"

mit der 4.-Mai-Bewegung beginnt Geschichte der KPCh

Wegfall des Kaisers: Wegfallen der Klammer, die die Gesellschaft zusammengehalten hat

→ Gesellschaftsordnung und Staatswesen gerieten ins Wanken, ideologische Basis der alten Gesellschaft wurde durch institutionelle Umwälzung einer vernichtenden Kritik unterzogen

→ diese Kritik fand in der 4.Mai-Bewegung statt

4.Mai-Bewegung deswegen wichtiger als Revolution von 1911
- 1911: „nur" institutionelle Umwälzung (von der Monarchie zur Republik)
- 1919: alle Aspekte des gesellschaftlichen und politischen Lebens betreffende Umwälzung
  → Paradigmenwechsel vom traditionell konfuzianischen zum modernen westlichen und später marxistischen Paradigma

1915: Beginn der Bewegung für eine neue Kultur
1917: Beginn der Bewegung für eine neue Literatur
4. Mai 1919: Beginn der politischen/patriotischen/nationalistischen Bewegung

mögliche Endpunkte:
1921: Gründung der KP Chinas
1923: Debatte über „Wissenschaft und Weltanschauung"
1925: Beginn des Nordfeldzugs

Historischer Hintergrund
- Druck der westlichen Mächte hatte nachgelassen, aber japanischer Druck (Expansionsbestrebungen) intensiviert
- Studenten, die Auslandserfahrung gesammelt hatten, bildeten Hauptmotor der Veränderungen
  → motivierten Intelligenz zu radikaler Kritik an chinesischer Gesellschaftsordnung

wichtigste Protagonisten: Chen Duxiu, Cai Yuanpei, Hu Shi, Lu Xun

Chen Duxiu (1879-1942)
- viel Auslandserfahrung, wurde in Frankreich von westlichen Ideen (insbesondere franz. Revolution) beeinflusst
- Gründer der Zeitschrift „La Jeunesse", die Hauptorgan der 4. Mai-Intelligenz wurde
- kritisierte Konfuzianismus und alte Gesellschaftsordnung, die seiner Meinung nach nicht mehr in moderne, industrialisierte Gesellschaft passten
- forderte Werte des Westes (Demokratie und Wissenschaftlichkeit)
- steht im Spektrum der 4.Mai-Bewegung (von radikal/ikonoklastisch über gemäßigt bis hin zu konservativen Traditionalisten) ganz links

Cai Yuanpei (1876-1940)
- höchster chinesischer Bildungsgrad, aber auch viel Auslandserfahrung
- gemäßigt
- forderte Liberalität und aufklärerische Erziehung nach westlichen Werten, aber auch Vermittlung geistiger Werte der chinesischen Tradition
- betonte Ästhetik
- verteidigte Peking-Universität als Ort freier Diskussion

Hu Shi (1891-1962)
- viel Auslandserfahrung (USA)
- forderte Pragmatismus statt Konfuzianismus
- Initiator einer literarischen Revolution
  → Abschaffung der klassischen Schriftsprache zugunsten der Umgangssprache

Lu Xun (1881-1936)
- wichtigste literarische Figur der 4.-Mai-Epoche
- Erzählungen handelten von den Widersprüchen der damaligen Zeit (neue Epoche, aber altes Denken und alte Strukturen)

Intelligenz war in zwei Lager gespalten
- radikale Erneuerer (für westliche Kultur)
- Konservative
  → Radikale setzten sich durch

4. Vorlesung II – 4. Mai-Bewegung (2)

Politische Aspekte der 4. Mai-Bewegung

nach Ende des 1. Weltkriegs im November 1918: Bemühungen um Gründung des Völkerbundes
- darin enthalten: „Selbstbestimmungsrecht der Völker"
- China erhoffte sich Wiederherstellung der territorialen Integrität
- Brennpunkt Shandong: ehemalige deutsche Kolonien, mittlerweile japanisch besetzt

Nachfolgeregierung von Yuan Shikai: Präsident Feng Guozhang, Premier Duan Qirui

chinesische Delegation wurde erst auf Versailler Friedenskonferenz über Duan Qiruis Geheimabkommen mit Japan informiert, das den Japanern weitere Rechte in Shandong zusicherte

US-Präsident Wilson eigentlich Fürsprecher Chinas, gab aber nach, um Japan zum Beitritt in den Völkerbund zu bewegen

am 28.04.1919 wurde Shandong-Frage zu Ungunsten Chinas entschieden, die Nachricht gelangte in den darauffolgenden Tagen nach China

→ Zwischenfall vom 4. Mai 1919

große Empörung: Studenten in Peking organisierten Demonstration, brachen in Haus des Außenministers ein und verprügelten dort Minister für japanische Angelegenheiten (zufällig anwesend)

→ Festnahme der Studenten, dies heizte Empörung weiter an

→Entstehen einer gesamtgesellschaftlichen Streikbewegung (Arbeiter) mit Boykott japanischer Waren (Händler)

Da chinesische Studenten in Frankreich Haus der Delegation belagerten, wurde Versailler Friedensvertrag ohne China geschlossen

Durch diese Enttäuschung bekam das als positiv und anzustrebend/nachzuahmend wahrgenommene Bild des Westens einen tiefen Riss

die Intelligenz begann, sich nach anderen Vorbildern und Alternativen umzusehen

→Bildung von 3 Gruppen

1. Gruppe
  • fand Lösung in einer anderen westlichen Ideologie, die nicht nur die eigene Tradition, sondern auch die bisher angestrebte westliche Gesellschaftsordnung und Politik in Frage stellte: Marxismus, zusammen mit der Leninschen Theorie des Imperialismus
  • obwohl marxistische Ideen schon 1905 nach China gelangten, wurde man in China erst durch russische Oktoberrevolution von 1917 darauf aufmerksam
  • durch Enttäuschung über den Westen (Westeuropa + USA) gewann das russisch-bolschewistische Modell an Anziehungskraft
  • außerdem erschien Russland als wahrer Freund in der Not (durch Bereitschaft, ungleiche Verträge aufzugeben)
      → Gründung marxistischer Studienzirkel
      - u. a. durch Chen Duxiu, der zu einem glühenden Verfechter des Marxismus wurde
  • Hu Shi rief zu maßvollem, pragmatischem Vorgehen auf, blieb aber unbeachtet (zog sich in 3. Gruppe zurück)

2. Gruppe
  • enttäuschte Chinesen wandten sich wieder der geistigen, spirituellen Tradition Chinas zu
  • hielten blinden Wissenschaftsglauben des Westens für verfehlt
  • westliche Zivilisation: „materialistisch"
  • chinesische Zivilisation: „geistig"

3. Gruppe

- zog sich in Erforschung der chinesischen Geschichte zurück

ab 1923: Debatte über „Wissenschaft und Weltanschauung/Metaphysik"

Zusammenfassung der Charakteristika der 4.Mai-Bewegung
- gekennzeichnet durch radikalen Antitraditionalismus und Verherrlichung des Westens
- westliche Ideologien und Theorien aller Art wurden bereitwillig und unkritisch aufgenommen
  → widersprüchlich, da man vom Westen enttäuscht war (Versailler Vertrag)
  - doppelte Verneinung: zuerst der alten chinesischen Traditionen, später (nach Übernahme des Marxismus) der westlich-kapitalistischen Tradition
- weiterer Widerspruch: Nationalismus bei gleichzeitiger Infragestellung der eigenen Tradition

5. Vorlesung I – Dekade von 1917-1927 - Periode der Warlords

Ausgangssituation:
- nach Tod Yuan Shikais 1916 Machtvakuum im Norden
- auch im Süden Machtverhältnisse ständig in Bewegung, oft unterbrochene Herrschaft Sun Yatsens (GMD)

im Norden bekriegten sich verschiedene Cliquen → Flickenteppich von Warlord-Domänen

Gründung der KPCh

Begeisterung für Marxismus durch
- Oktoberrevolution in Russland
- Angebot Russlands, ungleiche Verträge aufzugeben
- Enttäuschung über Westmächte in Versailles

Juli 1912: Gründungsversammlung der KPCh mit jeweils zwei Delegierten der sechs chinesischen marxistischen Gruppen (unter Führung eines Komintern-Agenten)

auch Sun Yatsen (GMD) nahm Kontakt zu Komintern-Agenten auf, (da beeindruckt vom Erfolg der Sowjets), dieser empfahl Schulterschluss zwischen GMD und KPCh

→ Sun Yatsen setzte sich bei Verhandlungen durch und KP-Mitglieder traten zusätzlich in GMD ein

GMD sollte nach sowjetischem Modell als Kaderpartei neu organisiert werden, dazu wurde u.a. Chiang Kai-Shek für drei Monate nach Russland geschickt
- dort erkannte er, dass die Komintern-Politik darauf abzielte, die GMD zu unterwandern

auf beiden Seiten der Zweckgemeinschaft zwischen GMD und KP gab es Unzufriedene

12. März 1925: Tod Sun Yatsens

Zwischenfall vom 30. Mai 1925
britische Kolonialpolizei erschoss Demonstranten

Reaktion
- Ausbruch an Nationalismus und Patriotismus
- gigantische Streik- und Boykottwelle erfasste das Land
  → Wendemarke im öffentlichen, insbesondere kulturellen Leben Chinas

Zerbrechen der Einheitsfront im April 1925

Hauptgewinner des Zwischenfalls waren die Kommunisten, die zur führenden Kraft der nationalistischen Bewegung wurden
- die Mitgliederzahlen der KP stiegen sprunghaft an
- die Stimmung unter den Intellektuellen kippte nach links

5. Vorlesung II – Der nördliche Feldzug

1925: Gründung einer GMD-Regierung im Süden
- wollte Warlords im Norden durch „Nördlichen Feldzug" entmachten und Land unter GMD-Führung einen

Flügelkämpfe innerhalb der GMD
- linker (kommunistenfreundlich) und rechter (antikommunistischer) Flügel
- Chiang Kai-shek war Oberbefehlshaber der GMD-Armee und gehörte zum rechten Flügel

März 1927: Durchführung des Nordfeldzugs gegen Warlords führte zu Eroberung Zentralchinas
- dabei auch Einnahme Shanghais (kommunistische Hochburg)

GMD-Führung erkannte bald wahre Intention Stalins und der von ihm beeinflussten KPCh
→ Juli 1927: Ende der 1. Einheitsfront

Ende 1928: Vollendung des Nördlichen Feldzuges
- China unter GMD vereinigt

Beginn des Dezenniums von Nanjing (1927-1937)
- Regierungssitz in Nanjing
- zwischen dem Ende der 1. Einheitsfront und dem Beginn der 2. Einheitsfront (Beginn des 2. Sino-japanischen Krieges) zwischen KP und GMD liegen 10 Jahre
- grundlegende Probleme: innere Zerrissenheit und Aggression von außen

Probleme
1. neue Bedrohungen durch Warlords
2. Flügelkämpfe in der GMD
3. Japanische Aggression
   - 1931: Besetzung der Mandschurei
   - Grund/Rechtfertigung:
     - dort stationierte japanische Guandong-Armee entwickelte Eigeninitiative und provozierte „Mukden-Zwischenfall" (Bombe an jap. kontrollierter Bahnstrecke, selbst gelegt)
   - März 1932: Gründung des japanischen Marionettenstaates Mandschukuo auf dem Gebiet der Mandschurei → Herauslösung aus dem chinesischen Staat

5. Vorlesung III – Anwachsen der kommunistischen Bewegung (während des Dezenniums von Nanjing)

KP teilte sich in städtische (moskautreue) und ländliche (Mao, in Opposition zu Moskau) Linie
*   Mao Zedong (1893-1976)

Mao gründete Sowjetgebiete und konnte die Menschen dort für sich gewinnen, indem er durch Landreformen die Situation der armen Bauern verbesserte

auch Zhou Enlai (1898-1976) wichtige Persönlichkeit der KP

Chiang-Kai-shek (GMD) startete 4 erfolglose Vernichtungsfeldzüge gegen Maos Sowjetgebiete, der fünfte war erfolgreich (bessere Ausrüstung, deutsche Militärberater)

→ zwang Kommunisten zum „Langen Marsch" von Oktober 1934 - Oktober 1935
*   Flucht vor GMD und Suche nach einem neuen, zu errichtenden Sowjetgebiet

Januar 1935: Zunyi-Tagung
*   Erfolg für Mao im parteiinternen Machtkampf
*   wurde oberster Militärführer

nach dem Langen Marsch war Mao theoretischer Kopf und de facto Führer der KP (offiziell erst auf Parteitag 1945)

<u>Zweite vereinigte Front von GMD und KP</u>

1931: Japan besetzte die Mandschurei und baute seine Einflusssphäre nach und nach weiter aus

1935: Massendemonstrationen gegen japanische Aggression
*   Forderung nach Einheitsfront von KP und GMD zum Kampf gegen die japanische Aggression
*   KP war dazu bereit
*   GMD unter Chiang Kai-shek nicht
    -   wollte zuerst KP(innerer Feind) vernichten, sich danach dem äußeren Feind stellen
*   Chiang Kai-shek wurde von eigenem General gefangengenommen, der sich nicht gegen Kommunisten wenden wollte
*   doch gerade Kommunisten erwirkten Freilassung Chiang Kai-sheks, um Einheitsfront zu ermöglichen → erschienen als die wahren Patrioten
*   Anfang 1937: Chiang Kai-shek willigt ein, Gründung der 2. Einheitsfront

6. Vorlesung I – 2. Sino-japanischer Krieg (1937-1945)

Auslöser: Zwischenfall an der Marco-Polo-Brücke (07.07.1937), provoziert durch verselbstständigte Guandong-Armee

1937-1938: schnelle Eroberung der Hälfte Chinas, Versuch der japanischen Herrschaftskonsolidierung durch regionale Marionettenregierungen

bereits erwähnt: Gründung der 2. vereinigten Front, allerdings nach wie vor Konflikte

Sitz der GMD-Führung in Chonqing
*   „alptraumhafte, verpestete Großstadt" (nach Meinung westlicher Journalisten)

Sitz der KP-Führung in Yan'an (bis 1948)
- idealistisches, reformerisches Gemeinwesen, ländliche Region (westliche Journalisten)
- Bildung des Kommunismus' chinesischer Prägung (Maoismus): Massenlinie + revolutionärer Nationalismus

07. Dezember 1941: jap. Überfall auf Pearl Harbour, Kriegseintritt der USA
- 2. Sino-japanischer Krieg als Teil des 2. Weltkriegs
- US-Unterstützung für China

Machtbasis der KP wuchs

Nach Sieg gegen Japan internationale Anerkennung Chinas unter GMD-Führung als Siegermacht

Konflikt zwischen KP und GMD brach wieder offen hervor, da äußerer Feind besiegt war

6. Vorlesung II – Bürgerkrieg (1945-1949)

Ausgangssituation: militärisches Stärkeverhältnis von 5 (GMD) zu 1 (KP)

USA wollten Annäherung zwischen GMD und KP erreichen, um drohenden Bürgerkrieg zu vermeiden
- obwohl politische Vereinbarungen getroffen wurden, gab es ab April 1946 Zusammenstöße
  → Ausbruch des Bürgerkriegs

GMD-Regierungstruppen bis Mitte 1947 meist siegreich, ab dann Wendung
Gründe
- KP-Befreiungsarmee trat diszipliniert auf (positiv) und führte Landreformen durch und brachte dadurch arme Bauern (Masse der Bevölkerung) auf ihre Seite
- GMD-Regierungstruppen war undiszipliniert und behandelte Menschen in besetzten Gebieten schlecht
  → starkes Anwachsen der Befreiungsarmee, gleichzeitig Schrumpfen der Regierungstruppen

Befreiungsarmee ging nun in Offensive
- Regierungstruppen unter Chiang Kai-shek mussten sich immer weiter zurückziehen
- schließlich Flucht nach Taiwan
  → KP hatte Bürgerkrieg gewonnen und Mao proklamierte am 1.Oktober 1949 Volkrepublik China

Zusammenfassung der Gründe für den Sieg der KP im Bürgerkrieg
- Vertrauensverlust der Bevölkerung gegenüber GMD durch Inflation
- Vertrauensverlust der Bevölkerung durch Korruption der Beamten und Undiszipliniertheit der GMD-Truppen
- Entfremdung der Intellektuellen durch Repression
- Versagen amerikanischer Vermittlung bzw. Chinapolitik

Ergebnis des Bürgerkriegs als Folge des Ineinanderwirkens einer sozialen (miserable Lebensumstände der Bevölkerung) Krise und einer nationalen (Aggressionen fremder Mächte (erst Westmächte, dann Japaner)) Krise, die schon seit der Mitte des 19. Jahrhunderts andauerten

7. Vorlesung I – Volksrepublik China

durch Krieg gegen Japan + Bürgerkrieg war Land wirtschaftlich zerstört (nicht nur physisch, auch durch Inflation)
→ KP musste umfassenden Neuaufbau organisieren und durchführen

Aufbau von Regierungs- und Verwaltungsstrukturen
Proklamation einer „Neuen Demokratie", allerdings Machtkonzentration bei der KP

→ Regierungs- und Parteistrukturen waren eng miteinander verflochten

Soziale Reformen
Landreform 1950-1953
- Umverteilung des Landes (Enteignung von reichen Grundbesitzern)
- Kollektivierung der Landwirtschaft

Ehe- und Familienreform 1950/51
- Abschaffung der Polygamie

Wirtschaftlicher Aufbau
- Eindämmung der Inflation
- Aufbau der Schwerindustrie
- Verstaatlichung der Industrie
- Vergenossenschaftlichung von Handwerk und Einzelhandel
- 1. Fünfjahresplan ab 1953

Konsolidierung der Macht der KPCh
- Indoktrinierung der Bevölkerung durch Massenorganisationen
- Massenkampagnen zur Ausübung psychischen Drucks und sozialer Kontrolle
- „Gedankenreform" → Gehirnwäsche

7. Vorlesung II – Chinesische Außenpolitik der 1950er Jahre

Verhältnis zur Sowjetunion

Mao suchte starke Anlehnung an SU
- Betrachtung als sozialistisches Modellland und ideologische Führungsmacht

Stalin ablehnend gegenüber Mao

Februar 1950: Freundschafts- und Bündnispakt

Korea-Krieg (1950-1953)
- Nordkorea (sowjetische Waffen- und Industrialisierungshilfe) griff Südkorea an, zunächst erfolgreiches Vorrücken
- US-geführte UN-Truppen unterstützen Südkorea und stellten Kräftegleichgewicht her
- nun entsandte China Truppen → wieder weites Vorrücken nach Süden
- Vorstoß von UN-Truppen wiederum zurückgeschlagen
- der 38. Breitengrad wurde zur Waffenstillstandslinie

- Ergebnis: erhebliche Verschlechterung der Beziehungen zwischen China und USA

Blockfreie Politik
- Architekt der neuen Außenpolitik: Zhou Enlai
- durch Beschlüsse auf Bandung-Konferenz 1955 wurde China zu einer Führungsmacht der blockfreien Bewegung
- außerdem war die chinesische Annektion Tibets zum Faktum geworden (Akzeptanz durch Indien)
- Verbesserung der Beziehungen zu Indien

8. Vorlesung I – Hundert-Blumen-Bewegung   Mai 1956-Mai 1957

Phase relativer geistiger Lockerung gegenüber Intellektuellen, insbesondere Schriftstellern
- Mao forderte Intellektuelle auf, Kritik zu üben
- allerdings war Welle der Kritik so massiv, dass sie die Macht der Partei bedrohte
- daraufhin: abrupter Stopp der Bewegung, Beginn der „Kampagne gegen Rechtsabweichler"
- Verfolgung der Intellektuellen, die während Hundert-Blumen-Bewegung Kritik gewagt hatten

8. Vorlesung II – Der große Sprung nach vorn 1958-1961

Einschub: „Gleichgewichtsfalle auf hohem Niveau" / „High level equilibrium trap „
- beschreibt Situation, bei der Bevölkerungswachstum stärker ist als z.B. Wachstum der Nachrungsproduktion
  → Verbesserungen der Nahrungsproduktion werden durch Bevölkerungswachstum aufgefressen
- Erklärungsmodell für reales Nicht-Wachstum der chinesischen Volkswirtschaft

zwei gegensätzliche Strömungen in der Frage der Steigerung der Produktion:

Fraktion um Zhou Enlai
- Wirtschaftswachstum durch mehr materielle Anreize sowie bessere Ausstattung der Bauern

Fraktion um Mao
- Wirtschaftswachstum durch Erhöhung der Arbeitsmoral

Wurzel von Maos Denken: Voluntarismus
- Glaube daran, dass durch heroische Willensanstrengung jede Leistung möglich sei
- Triebfeder für Maos Politik → Großer Sprung und Kulturrevolution

→ Maos Fraktion setzte sich durch, dadurch „Politik der drei roten Banner"

Generallinie des sozialistischen Aufbaus
- Beseitigung des Ungleichgewichts zwischen Entwicklung der Landwirtschaft und der Industrie
- Vorrang der Politik vor wirtschaftlichen Erwägungen (typisch für Mao)
  - Anstreben gewaltiger Produktionssteigerungen durch Verbindung von Massenkampagnen und politischer Indoktrinierung

→ Großer Sprung nach vorn

- hohe Zielvorgaben zum Wirtschaftswachstum
- Versuch, fehlende materielle Voraussetzungen (moderne Industrieanlagen) durch Arbeitsintensivierung (Mobilisierung der Massen) auszugleichen

Volkskommunen

- keine Mischform mehr zwischen Privat- und Kollektiveigentum wie noch bei LPGs (Landwirtschaftliche Produktionsgenossenschaft), sondern nur noch Volkseigentum
- Volkskommunen als große, autarke Verwaltungseinheit (ca. 5000 Haushalte)
- gesellschaftliche Umformungen gigantischen Ausmaßes (Aufhebung des Familienverbandes)
- dezentrales Modell → Gegensatz zum sowjetischen Modell

8. Vorlesung III – Die Folgen des großen Sprungs

Kräfteverhältnisse in Partei nach 1956

- Pragmatiker in Überzahl
- neue mächtige Männer: Deng Xiaoping und Liu Shaoqi

Widerstand gegen Großen Sprung und Volkskommunen

- Volksaufstände in Provinzen, da den Bauern durch Einrichtung der Volkskommunen das Land wieder weggenommen wurde, das sie vorher im Rahmen der Landreformen erhielten
- bedrohlich für Partei, da Landbevölkerung ihre Basis und Stärke war

Wirtschaftliche und demographische Folgen

- Großer Sprung und Volkskommunen erwiesen sich als politischer Fehler ungeheurer Tragweite
- durch rote Ideologie (Maoismus) allein ließ sich kein wirtschaftlicher Erfolg erzwingen
- landwirtschaftliche und industrielle Produktion brachen ein
- „drei bittere Jahre" (1960,61,62) → größte Hungersnot des 20. Jahrhunderts

Maßnahmen zur Milderung des großen Sprungs

- Privatbesitz wurde in moderater Form wieder möglich
- kommunistisches Prinzip der Entlohnung (jeder nach seinem Bedürfnis) wurde zugunsten des Leistungsprinzips (Gewinnbeteiligungsprämien) teilweise zurückgenommen

Kritik innerhalb der Partei am großen Sprung (Lushan-Konferenz und die Folgen)

- Peng Duhai (Verteidigungsminister) kritisierte Mao auf Lushan-Konferenz (Juli 1959) in moderater, bis dahin üblicher Weise
- ungewöhnlich heftige Reaktion Maos: Verurteilung von Pengs Kritik als „rechtsopportunistisch" und als „prinzipienlose, spalterische Aktivitäten"
- Gründe
  - Peng wurde durch Chruschtschow zu Kritik ermutigt, dies missfiel Mao sehr
  - Mao wollte Gelegenheit nutzen, um Verteidigungsminister Peng durch seinen Vertrauten Lin Biao zu ersetzen
    → dies geschah auch

durch Chruschtschows Versuch der Einflussnahme (Beeinflussung Peng Duhais, Stopp der Nuklearhilfe) wollte er bei Mao seine Wichtigkeit für China betonen

→ gegenteiliger Effekt: Mao wandte sich von Chruschtschow und SU-Modell ab

- Maos Prestige war stark gesunken
- GSV machte deutlich, dass Massenkampagnen keinen wirtschaftlichen Nutzen bringen, doch Mao hielt an der Idee fest (später: Kulturrevolution als Massenkampagne, doch diesmal ohne wirtschaftliche Ziele)
- dadurch Entstehen von zwei Fraktionen: Maoisten und Pragmatiker

1961: Revidierung der Volkskommunen und Readjustierung (Berichtigung, Abstimmung)
- in dieser Phase wurde Wirtschaftspolitik von Liu Shaoqi bestimmt

neue Politik um wirtschaftliche (geringe Produktivität) und politisch-moralische (niedrige Moral der Bauern und unteren Kader) Probleme zu lösen

Kampf um Machtkonstellation zwischen Pragmatikern (um Liu Shaoqi, Parteiapparat als Stütze) und Maoisten (um Mao und Lin Biao, VBA (Volksbefreiungsarmee) als Stütze) mündete in Kulturrevolution

9. Vorlesung I – Verhältnis China-Sowjetunion -

Von der Anlehnung zur Ablehnung (1956-64)

- erste Hälfte der 1950er Jahre: chinesische Anlehnung an SU
- danach Hinwendung zur blockfreien Bewegung (Bandung-Konferenz)
- zweite Hälfte der 1950er Jahre: offener Bruch

Grund: grundlegende Differenzen
- Sowjetunion unter Chruschtschow strebte „friedlichen Übergang zum Sozialismus" und „friedliche Koexistenz" an
- China unter Mao verfolgte 1958 eine innen- und außenpolitische Radikalisierung (bis hin zur Akzeptanz eines Atomkriegs)
  → rapide Abkühlung des Verhältnisses zwischen SU und China

Bruch zwischen den beiden Ländern war also auch historisch und persönlich (Mao hielt Chruschtschow für einen Feigling) bedingt, aber vor allem das Ergebnis gegenläufiger politischer Zielsetzung

ab 1964: China in simultanem Konflikt mit Sowjetunion und USA

9. Vorlesung II – Vorspiel zur Kulturrevolution

Kritik an Mao (u.a. wegen Peng Duhais Entlassung) 1960-62

Zhou Enlai rief 1961 Intellektuelle auf, sich wieder um Fachwissen zu bemühen
→ mehr „Experte" zu sein als „rot"

Periode von 1960-62: „Hundert kleine Blumen"
- Periode relativer Lockerung
- nur Partei-Intellektuelle äußerten sich kritisch
- Kritik betraf nicht Partei, sondern Maos Stil
- Kritik wurde indirekt vorgebracht, durch Literatur und Theaterstücke

→ in Form von historischen Analogien
- Hauptkritiker: Deng Tuo, Wu Han, Liao Mosha

Sozialistische Erziehungsbewegung 1962-64

1962: Mao gewann Meinungsführerschaft zurück
→ Ende der Periode relativer Lockerung

Start der Kampagne „Sozialistische Erziehungsbewegung"
- Ziel: Rückgewinnung des gesunkenen Prestiges der Partei auf dem Land
  - dazu u.a. Bekämpfung der Korruption unter lokalen Kadern
- typisch für Mao: rote Einstellung war nun wieder wichtiger als Leistung und Expertentum

Mao-Kult und Lei Feng-Kampagne

Mao konnte seine politischen Ideen in der „Sozialistischen Erziehungsbewegung" nicht durchsetzen

Da er sich nun nicht mehr auf den Parteiapparat verlassen konnte, stützte er seine Macht auf die VBA
- mithilfe von Lin Biao (Verteidigungsminister und treuer Gefolgsmann)

Lin Biao veröffentlichte 1963 „Worte des Vorsitzenden Mao Zedong" (Mao-Bibel)
- Sammlung von Aussprüchen Maos (Betonung von Aufopferungsgeist, Selbstgenügsamkeit und permanenter Revolution)
- legte Grundlage für Mao-Kult

nachdem Mao VBA hinter sich hatte, wollte er politische Führerschaft wieder an sich reißen
- Liu Shaoqi war zu einem Rivalen geworden
  → Mao ließ über Umwege und Hintermänner Angriff auf drei Hauptkritiker der „Hundert kleine Blumen Bewegung" und auf Rivalen in der Parteispitze (Liu Shaoqi sowie Deng Xiaoping) führen
  → Auftakt zur Kulturrevolution

Insgesamt betrachtet führten sowohl die Kritik an Mao als auch die sozialistische Erziehungsbewegung in die Kulturrevolution

10. Vorlesung I – Kulturrevolution 1966-1976

Hintergründe für das Entstehen der Kulturrevolution

politischer Richtungskampf zwischen
- Wirtschaftsplanern, Ökonomen, Parteifunktionären (Experten) („die kapitalistische Straße gehen") um Liu Shaoqi
- Revolutionären, Idealisten, Romantikern (Roten) um Mao
→ aus politischem Richtungskampf wurde politischer Machtkampf zwischen Mao-Fraktion und Parteifunktionären

Kulturrevolution war deshalb in erster Linie Machtkampf zwischen Mao und Liu Shaoqi

weitere Hintergründe
- maoistische Idee der „permanenten Revolution"

- damit zusammenhängend die Idee einer egalitären Gesellschaft („Mohismus")
- maoistischer „Voluntarismus"
- maoistische Ansichten zu Kultur und Literatur (denn literarische Kritik bildete Auftakt zur Kulturrevolution

außerdem: außenpolitische Ereignisse
- Konflikt mit UdSSR und USA beschleunigte die innenpolitische Dynamik

Gruppierungen, die in Kulturrevolution mitwirkten

Mao und sein „Hof"
- seine Frau Jiang Qing, sein Privatsekretär Chen Boda, Geheimdienstchef Kang Sheng

Gegenpartei: Führer des Parteiapparates
- Liu Shaoqi
- Deng Xiaoping
- Peng Zhen
→ Pragmatiker in wirtschaftlicher und entwicklungspolitischer Hinsicht

Regierungsbeamte unter Führung von Zhou Enlai
- eigentlich viel mit Gegenpartei gemeinsam, unterstützten aber Mao

Militär, geteilt in zwei Fraktionen
- Befürworter einer politischen Armee mit Milizcharakter (Lin Biao)
- Befürworter einer gut gerüsteten Armee

Zeitliche Struktur der Kulturrevolution & Gang der Ereignisse
- allgemein: Dauer von 1966-1976
- eigentliche Kulturrevolution: November 1965-April 1969
- 4 Phasen + Vorbereitungsphase

Vorbereitungsphase (Ende 1965-Juni 1966)
- Mao attackierte seine Kritiker von Shanghai aus
- Hauptopfer sind Wu Han und andere Literaten, die ihn in der „Hundert kleine Blumen"-Bewegung kritisiert hatte, sowie Peng Zhen (einflussreicher Bürgermeister von Peking)
- während des 1. Halbjahres 1966 trat Mao überhaupt nicht an Öffentlichkeit
- trotzdem erreichte er, dass hohe Parteifunktionäre und das Politbüro seinem Kurs folgten
→ nicht wissend, wohin er führen würde

1. Phase (Juni-August 1966)

Propagandaerfolg Maos: Meldung, dass er 15 km im Yangtse geschwommen sei
→ Beweis, dass er bester Gesundheit war (72 Jahre alt)

11. Plenum des 8. ZK
- Ausschluss von Peng Zhen aus Politbüro, Degradierung Liu Shaoqis (beide Mao-Kritiker und Pragmatiker)
- Lin Biao (Mao-Vertrauter) wird Liu Shaoqis Nachfolger als Verteidigungsminister
- Plenum erhebt „Große Proletarische Kulturrevolution" zur Generallinie der Partei
→ politische Einstellung (rot) gilt vor wirtschaftlicher Leistung

→ Klassenkampf gegen alle, die den „kapitalistischen Weg gehen"

2. Phase - Periode der Roten Garden (August - Dezember 1966)
- Roten Garden wurden mobilisiert durch VBA (=durch Lin Biao mit Unterstützung Maos)
- Mitglieder: vor allem Schüler und Studenten (großes Unruhepotential durch schlechte Bedingungen), die sich im Sinne Maos gegen Parteifunktionäre wandten
- Lehrbetrieb an Schulen und Universitäten kam zum Erliegen
- Kundgebungen riesigen Ausmaßes → huldigten Mao
- überall in China griffen Rote Garden die „Vier Alten" an (alte Ideen, Kultur, Sitten und Gebräuche)
- öffentliche Demütigung von Deng Xiaoping und anderen Pragmatikern

3. Phase (Januar 1967-Mitte 1968)
- zusätzlich zu Roten Garden: als „Revolutionäre Rebellen" bezeichnete Arbeiterorganisationen wurden aktiv
- wurden von Maoisten aufgefordert, eine „neue Hochflut der Revolution in allen Betrieben" einzuleiten und die „Macht zu ergreifen"
→ der Parteiapparat war nun nicht mehr in der Lage, das Geschehen zu kontrollieren
- lokale Bevölkerung wehrte sich gegen „Machtergreifung" → bürgerkriegsähnliche Zustände
- von Mao gerufene Einheiten der regulären Armee (sollten Rote Garden unterstützen gegen den Widerstand der Bevölkerung) verweigerten Unterstützung angesichts des Chaos
- Wuhan-Zwischenfall als Höhepunkt der Auseinandersetzung zwischen maoistischer Zentrale und widerspenstigen Militärs
- Mao willigte darauf hin in Forderungen der Militärs ein (Wiederherstellung von Ruhe und Ordnung sowie freie Hand beim Vorgehen gegen Rote Garden und Revolutionäre Rebellen)
- ab Mitte 1967: brutale Verfolgung der Rotgardisten und Revolutionären Rebellen durch VBA und regionale Arbeiterwehren
→ insgesamt: blutigste und chaotischste Phase, viele Todesopfer

4. Phase (Mitte 1968-April 1969)
- Mao lobte Arbeiterwehren und VBA, um zu zeigen, dass er hinter Arbeitern und Bauern stand und nicht mehr hinter den amoklaufenden Studenten der Roten Garden
- Landverschickung der Studenten (um „von Bauern zu lernen)
- Mao baute mit Hilfe des Militärs elementare soziale Strukturen wieder auf
- April 1969: Parteitag erklärte Ende der Kulturrevolution
- 2/3 der Abgeordneten des Parteitags nun VBA-Mitglieder
  → Macht lag nun in Händen der Armee, Mao machte Lin Biao zum 2. Mann im Staat
- Mao Zedong-Gedanken (Betonung des Klassenkampfes; „rot" statt „Experte") wurden als ideologische Richtschnur festgeschrieben

Opferzahlen der Kulturrevolution
- Schätzungen von Todesopfern schwanken von ca. 700.000 - 3 Millionen
- Zahl der Verfolgten, Gefolterten oder ihrer Lebensgrundlage beraubten: ca. 10 Millionen
- größte nationale Katastrophe in jüngster chinesischer Geschichte

10. Vorlesung II – Lin Biao-Krise, Tod Maos und Ende der Viererbande

Lin Biao-Krise

- Lin Biao war designierter Nachfolger Maos
- unter dem Mantel der absoluten Loyalität zu Mao arbeitete er an der Ausbreitung seiner eigenen Macht (1969)
- Militär unter Lin Biao wurde Mao zu mächtig, er misstraute ihm nun
- nachdem Mao einige seiner Unterstützer stürzte, war Lin Biao klar, dass er auf regulärem Weg (Nachfolge nach Tod natürlichem Maos) nicht mehr an die Macht kommen konnte
- Lin Biao versuchte Umsturz inklusive der Tötung Maos (September 1971)
- dieser Umsturzplan wurde verraten, Lin Biao wollte per Flugzeug nach Moskau fliehen
- bei Zwischenlandung tödlich verunglückt
- Glaubwürdigkeitskrise Maos, da der 2. Mann im Staat ihn töten wollte

Kampagne „Kritik an Lin Biao und Konfuzius" (Februar 1973-Anfang 1975)

bizarre Behauptung:

- „Konfuzius (angeblich reaktionär, negativ bewertet) verhält sich zu Qin Shihuang (Reichseiniger, positiv bewertet) wie Lin Biao zu Mao"
- Aussage: Lin Biao sei ein Reaktionär, hätte versucht, den Kapitalismus zu errichten
- Kampagne kritisierte indirekt auch Zhou Enlai (Reformer, Pragmatiker)
- Anfang 1975: Kampagne schlief ein
    - Bevölkerung war der unsinnigen Aktion überdrüssig
    - Zhou Enlai schwer an Krebs erkrankt → Problem würde sich bald durch seinen Tod lösen

Tod der alten Führungsschicht 1975-1976

- Tod von 5 von 9 Mitgliedern des ständigen Ausschusses des Politbüros
- Januar 1976: Tod Zhou Enlais
- große Demonstrationen: Menschen drückten Trauer um Zhou Enlai und Unterstützung für Deng Xiaoping aus (beide Reformer)
  → als Reaktion darauf wurde Deng Xiaoping aller Ämter enthoben
- 9. September 1976: Tod Mao Zedongs

Konflikt um Nachfolge

- „Viererbande" (linke Fraktion, Gefolgsleute Maos) vs. Hua Guofeng und andere Reformer
- Viererbande bestand aus Maos Witwe Jiang Qing und drei Genossen
- Hua Guofeng schaltete Viererbande aus wurde 1. Mann im Staat
    - Bevölkerung begrüßte diese Entwicklung
- allerdings bereitete Deng Xiaoping sein 2. Comeback vor

11. Vorlesung I – Chinesische Außenpolitik ab der 2. Hälfte der 1960er Jahre

allgemein
- durch Kulturrevolution Radikalisierung der chinesischen Außenpolitik
- völlige diplomatische Isolierung

Verhältnis China - Sowjetunion
- bedrohliche negative Aufheizung der Stimmung, UdSSR wurde zum Hauptfeind Chinas
- März 1969: militärischer Zwischenfall am Grenzfluss Ussuri (Gefechte)
- China zeigte sich nach Verbesserung des Verhältnisses zu USA weltpolitisch friedlich und kooperativ
- die UdSSR galt als konfliktträchtiger
    - u.a. Niederschlagung des Prager Frühlings
- 1980er Jahre: langsame Annäherung durch Verzicht auf aggressive Rhetorik

Verhältnis China - USA
- Amtsantritt von Präsident Nixon: günstige Gelegenheit zur Annäherung
- Ping-Pong-Diplomatie: Einladung amerikanischer Tischtennismannschaft nach China
  → Beginn der Annäherung
- VR China übernahm Sitz der Republik China (Taiwan) im Weltsicherheitsrat der UNO
  → Rückkehr auf weltpolitische Bühne
- Februar 1972: Nixons Besuch in China
  → große Verbesserung der Beziehungen, USA zollte China mit Besuch Anerkennung
- Signal für viele Staaten, mit China diplomatische Beziehungen aufzunehmen

11. Vorlesung II – Comeback von Deng Xiaoping und Sturz von Hua Guofeng

- Hua Guofeng versuchte, den in Folge der „konterrevolutionären", pro-Deng-Demonstrationen gestürzten Deng Xiaoping klein zu halten
- allerdings starke und auch erfolgreiche Bewegung für Rehabilitierung Deng Xiaopings
- August 1977: Kulturrevolution wird offiziell beendet
- Pekinger Frühling: Phase zaghafter politischer Liberalisierung 1977-78
    - u.a. Mauer der Demokratie
- Hua zeigte sich als Wirtschaftspolitiker ungeeignet
- Deng vergrößerte seine Machtbasis
  → Ende 1978: Deng Xiaoping geht aus parteiinternen Machtkämpfen als Sieger hervor
- Dezember 1978: 3. Plenum des 11. ZK bestimmt Abkehr vom maoistischen Dogmatismus und eine am Ziel der Vier Modernisierungen orientierte wirtschaftliche Reform und Öffnung Chinas
  → epochales Ereignis

Wundenliteratur
- zur Zeit des Pekinger Frühlings übliche Literatur
- vor Pekinger Frühling, d.h. zur Zeit der Kulturrevolution:

- Literatur reflektierte nicht Wirklichkeit, sondern war Propagandawerkzeug
- Wundenliteratur bedeutete Abkehr von propagandistischer Schwarz-Weiß-Malerei
- half mit, Stimmung gegen kulturrevolutionäre Linke aufzubauen
- insofern war Wundenliteratur für Deng Xiaoping nützlich (er war Reformer, also in Opposition zu den Linken), allerdings ließ er sie mit Repression beenden, da sie zur Demokratiebewegung zu werden drohte
- Demontage Maos
  - Rehabilitierung Liu Shaoqis
  - Gerichtsverhandlung gegen Viererbande machte deutlich, dass Mao der Hauptverantwortliche war
- Demontage Maos führte auch zu Ende von Hua Guofeng
  → Sieg Deng Xiaopings war perfekt - Machtwechsel ohne Gewalt

Wirtschaftsreformen Deng Xiaopings - Wechselspiel von Reform und Repression

1982: Kompromiss zwischen Reformern (Deng) und Konservativen
- Reform der Wirtschaft, aber gleichzeitig
- ideologische Kontrolle nach Vier Prinzipien

Reformen in der Landwirtschaft
- Hauptproblem maoistischer Wirtschaftspolitik
  - Betonung der Schwerindustrie
  - gleichzeitig Vernachlässigung der Landwirtschaft
- Hauptansatzpunkt der Reform: Aufbrechung des Kommunensystems
  - Entkollektivierung der Landwirtschaft
  - Einrichtung von Leistungsanreizen
  - Einzelbauern hatten mehr Freiheit und Verantwortung („Baogan-System")
  → enorme Steigerung der landwirtschaftlichen Produktion
  → Verbesserung der Lebenssituation der Landbevölkerung (80 % der Gesamtbevölkerung)

aber auch Probleme durch
- Vernachlässigung öffentlicher Aufgaben infolge der Entkollektivierung
- niedrigere Preise → niedrige Gewinnspannen → kaum Spielraum für Investitionen in Landwirtschaft
- Bevölkerungsentwicklung fraß Wirtschaftswachstum auf (High level equilibrium trap)

insgesamt jedoch außerordentlich positive Entwicklung, hohe Produktionssteigerungen

Reformen in der Industrie

vor 1978: sowjetisches Modell
- zentrale Planung und Leitung durch die KP
- Produktion und Preisentwicklung richtete sich nicht nach Angebot und Nachfrage
- Leistung der Arbeiter spielte für Entlohnung keine Rolle
- System hatte zu Anfang der VR China funktioniert (revolutionäre Begeisterung), führte jedoch mit der Zeit zu Lethargie

Herzstück der Wirtschaftsreform im Inneren
- Einführung von Leistungsanreizen und Eigenverantwortlichkeit in staatlichen Betrieben
  auch hier: „Baogan-System"
- Zulassen der Entwicklung der Privatwirtschaft
  → enormes Wachstum privater Kleinbetriebe

Preiskontrolle
- November 1979: erster Versuch der Preisfreigabe
  → führte zu hoher Inflation, Rückkehr zu Preisbindung Dezember 1980

Herzstück der Wirtschaftsreform bezüglich Weltwirtschaft
- Öffnung nach Außen (Umkehr von Maos Isolationspolitik)
- Ziel war die Anziehung ausländischen Kapitals, Investitionen und Know-How
- Maßnahmen
  - Errichtung von Sonderwirtschaftszonen
  - Möglichkeit für chinesisch-ausländische Gemeinschaftsunternehmen (joint ventures)
- anfangs allerdings sehr zögerliches Engagement ausländischer Unternehmen, da zu viele Hindernisse
  - kaum Wirtschaftsgesetzgebung → keine Rechtssicherheit
  - bürokratische Hindernisse

destabilisierende Faktoren
- enormes Bevölkerungswachstum
- steigende Inflation
- enorme Korruption
- allgemeines Sinken der Moral und Ethik nach ideologischem Umschwenken

insgesamt jedoch außerordentlich positive Entwicklung, hohes Wirtschaftswachstum

KP wollte zwar wirtschaftliche Reformen (Schwenk zur Marktwirtschaft; internationale ökonomische Öffnung), jedoch keine politischen Reformen (Zugeständnisse bezüglich Demokratie/Meinungsfreiheit)

durch wirtschaftliche Öffnung drang allerdings auch westliches Gedankengut nach China
- Freiheit, Demokratie

→ ab 1983: groß angelegte Kampagne gegen ausländische Einflüsse („Ausmerzen der geistigen Verschmutzung")
- Ziel: junge Literaten, die Literatur von kommunistischer Reglementierung befreit sehen wollten
- Kampagne rief viel Widerstand von Intellektuellen in China und Ausland hervor
- 1984: Ende der Kampagne

11. Vorlesung III – 1986 - Gegenwart

<u>1986-1989</u>

seit Beginn der Öffnungspolitik 1978
- 180°-Schwenk von maoistischer Genügsamkeit, Altruismus („dem Volke dienen") und Gleichheit hin zu Egoismus (Streben nach persönlichem Reichtum)

Politik der Parteiführung
- schwankender Kurs zwischen Notwendigkeit zur weiteren Liberalisierung und Festhalten an orthodoxen Prinzipien
- neue Formulierung 1986
  - Aufbau eines „Sozialismus chinesischer Prägung" (= marktwirtschaftliche Elemente) bzw.
  - Aufbau einer „sozialistisch-geistigen Zivilisation"
    - → politischer Spagat zwischen Sozialismus und Marktwirtschaft

1988: massiver Anstieg der Inflation
- Zurücknahme der Preisfreigaben
- in der weiteren Folge ein Zickzack-Kurs bezüglich der Preispolitik

wachsende innenpolitische Probleme
- Inflation
- zu geringe Getreideproduktion
- Unruhen in Arbeiterschaft
- Korruption
- unkontrollierte Bevölkerungswanderungen vom Land in die Städte
- unkontrolliertes Bevölkerungswachstum, vor allem auf dem Land
- → viel Unzufriedenheit und Orientierungslosigkeit in der Bevölkerung

Mai 1989: Studenten und Intellektuelle verlangen Reformen des politischen Systems
- Massendemonstrationen
- Ziel waren weitere Reformen (u.a. zur Korruptionsbekämpfung)
- ABER: im Allgemeinen waren Demonstranten mit Deng Xiaopings Politik einverstanden

3. Juni 1989 - „Tianan'men-Massaker"
- militärisches Vorgehen gegen Studenten auf Tianan'men-Platz
- etwa 2500 Todesopfer (vor allem in den Straßen, weniger auf dem Platz selbst)

trotz anders lautender Vorhersagen: kein Zusammenbruch des politischen Systems
- eher Konsolidierung der KP und Zustimmung der Bevölkerung zur Politik

wichtig dafür: 3 Gründe
- Lehren aus dem Schicksal der UdSSR
  - erst politische Reformen, ohne vorher Wirtschaftsreformen durchgeführt zu haben
    - → führte zu Zusammenbruch
  - China betreibt das Gegenteil
- Weiterführung der Reformen und Stabilität

- Wiederaufkommen eines Nationalismus und Antiamerikanismus

<u>1989 - heute</u>

- am Marxismus wird nur noch dem Namen nach festgehalten
- konfuzianische Moral- und Ordnungsvorstellungen haben eine bemerkenswerte Aufwertung erfahren
- China weißt bemerkenswerte(s) wirtschaftliche Stabilität und Wachstum auf
- November 2002: Hu Jintao wird Staatspräsident, Wen Jiabao Premier des Staatsrates
- wichtigste Losung seitdem: Schaffung einer harmonischen Gesellschaft